TINDA'S TIMELESS OUTFIT

明日が ちょっと、 楽しい服

Illustration by 珍田

Prologue

「ファッションはほんのすこしの自信」

なんだか憂鬱な日も、仕事に行きたくない日も、恋がうまくいかない日も
服は少しだけ、私の味方をしてくれる

着慣れたいつもの服は、組み合わせ次第で素敵に生まれかわる
見慣れたいつもの生活も、工夫次第できっと素敵に生まれかわる
些細なことの積み重ねで、明日がちょっと、楽しみに

オシャレは頑張らなくても大丈夫
組み合わせのルールさえ知ってしまえば
自然とオシャレしかできなくなって
少しの自信を手に入れられる

オシャレに自信がなかったり、イマイチ調子がでなかったりする人へ
この本を手に取って、服を着る楽しみができて、
明日がいい日になりますように

珍田

Contents

Part 1

「今日の私、ちょっといいかも」を叶える

TINDA's Fashion Rule5

ファッション、楽しんでますか？
「好きなものを、好きなように着た人が一番オシャレ」。
私は常にそう思っています。
この5つのルールはあくまでも私・珍田なりの楽しみ方。
"こうでなければならない"ではなくて
こんなやり方もあるんだ、参考にしてみよう、
と思っていただければ幸いです♡

Rule1　ベーシックアイテムを一番重視する

無地のTシャツ、デニム、黒のニット、スニーカーなど、
何にでも合わせられる普通の服をしっかり揃えておくと急にオシャレが楽になります。
それはメイクの時に丁寧に下地を塗ったほうが崩れにくいことと同じ。
土台があると、オシャレを失敗しにくくなるからです。
とはいえ「ちょっと古い」が分かりやすいのもベーシックな服。
買う時には今の流行りに合っているか吟味するとよりオシャレに近づけます。

Tシャツ：ビッグシルエット or タイトシルエット、クルーネック or Vネック、その時代に合うものを。
デニム：無難なのはストレートかテーパード。必ず自分の脚の長さに合うようお直しを。
キャップ&アクセ：柄の入っていないプレーンなものならずっと使えてコーデのポイントになってくれる。
スニーカー：トレンド関係なく履けるベーシックな一足を。黒ならキレイめに履いて甘口派の人にも◎。

Cap

T-shirt

Knit

Denim

Accessory

Sneaker

初期アイテムを集めていくの、大事。
ファッションにおけるオールラウンダーたちですね。
珍しい柄やデザインの服もいいけれど
主役級ばかりの服を揃えてしまうと
着まわす時に苦労するのでまずそこはガマンして、
着まわししやすいベ〜シックな
アイテムをコツコツ集めていきたいところ……。

Rule2 ベーシックアイテムに好きな色・柄・型を足す

心ときめくのはやっぱり自分の好きなデザインのもの♡
でもそればかり集めてしまうと全身が主役級アイテムになってしまい、せっかくの服も素敵に着こなせません。
Rule1の通りベーシックアイテムを揃えておけば、絶対に失敗しない組み合わせが作れるし、
バランスの良いコーディネートに。トレンド真っ只中なシルエットのパンツ、柄物、ロゴアイテム、派手な色などは
ベーシックありきで映えるアイテムだと心に留めておきましょう。

フレアデニム：フレア、ハイウエストなどトレンドデザインのものはデニムでも主役級アイテム扱い。
サングラス＆レッドスニーカー：奇抜な色、型のものは普通の服を盛り上げてくれる！ コーデがさみしい時に頼れる。
花柄アイテム：ベーシックアイテムさえあれば好きな柄、型だってお手の物。ちょっとくらい派手でもOK。
プリントTシャツ：ロゴプリント、写真プリントはもちろん、推しのバンドTやアニメTだってオシャレに。

Sunglasses

Flower

Flare Denim

Red

ベーシックな！アイテムも揃えたことですし
ちょーっと冒険してみてもいいよねってことで…。
しかし冒険しすぎるのもあれなので
ベーシックなアイテムたちに助けてもらえる
感じのお洋服で、いきましょう。
柄物や色物を買う時に自分のクローゼットの
中にある服たちでコーデが3つ以上
組めるか考えてみると決めやすいよ。

Printed T-shirt

Rule3 いい服は「タイムレス」「自分らしさ」で買う

自分へのご褒美に「高いけど頑張って買う!」というもの、ありますよね。
そういうアイテムが少しずつ集まって自分らしいファッションが形成されていくもの。
悩んで迷って奮発するのだから、ずっと大切にしたい。
この買い物で失敗しないコツは「タイムレス」かつ「自分らしいかどうか」の視点。
ベーシックを選ぶ基準とはまた違い、流行りが変わっても使い続けられて、
自分の趣味嗜好が変わっても持てるかどうかで決めると良いです。

Stripe

Gray

White T-shirt

Long Skirt

Leather Bag

歳を重ねるにつれて考えるようになったのが
『タイムレスなお洋服』
昔は可愛い！だけで買っていたけど最近は
数年後の自分もこの服を愛せるか、
数年後の自分はまだこの服を着ているか、とかね。
考える機会が増えました…。
洋服一点一点に対して真剣に向き合う姿勢….大切!!

白&ボーダーTシャツ：「自分の体型にフィットするかどうか」で決めて。クルーネックならタイムレス。
グレーアイテム：白、黒以上にタイムレスなのはなじませカラーアイテム。グレーの他、ベージュもOK。
ロングスカート：ふくらはぎの中間くらいのミモレ丈ならいつの時代も定番。どんな靴でも合うものを。
レザーバッグ：どんなバッグを持つかって、驚くほどその人らしさが表れるもの。レザーの変化を楽しんで。

Rule4　バッグ、靴は質のいいものを選ぶ

いいバッグ、いい靴は全身の雰囲気をランクアップさせてくれる力があります。
それにいいものを持つと、そのアイテムが似合う人になろうと思えるので、結果的に素敵な人になれたりも。
ハイブランドじゃなくたっていいんです。自分がとにかく素敵だと思える一品を。

お洋服はプチプラでもバッグと
シューズは妥協しない精神で生きてます。
ちょっといいバッグやシューズを
持ったり履いたりするだけで
どれだけシンプルでカジュアルな
コーデも華やかになる気がするし、
この2つだけは背伸びしてでも良いものを
持ちたい.....☺

良い物をもつと大切につかうから
汚れたりボロボロになりづらいと思う。

14

Rule5 小物、ネイルの色までがコーディネートの一部

私が素敵だと思うのは、小物とネイルの色がリンクしている人。
爪の色に悩んだら失敗しない必殺ルールでもあります。
ネイルポリッシュ派の人はワードローブに合う色を何色か持っておくと便利。
ジェル派の人はクリアベースやベーシックカラーがいいと思います。

RED

RED

トータルコーディネートまで考えられるように
なっただけでもう偉い！
服だけ完璧でも他が服に合ってないと
せっかくのコーデがダメになっちゃう
時があるんですよね……
靴が赤なのに爪が水色、パ〜プルとか……。
コーデを全体で見た時に、あれ？あの色だけ
仲間に入れてないな！ってならないようにできたら上等。

珍田珍道中　ONE

THEME:

about 珍田

この本の著者、珍田です。

この珍田珍道中は私がお話ししたいことを語るコーナー。

FIVEまで続くので、探してみてください！

私のイラストレーター人生のスタートはpixivで同人イラストを投稿しはじめたところから。

オシャレで可愛い服を見るのも着るのも好きで、よく好きなキャラに好きなハイブランドの服を着せて楽しんでました（現実世界では高くて買えない、でも描くのはタダだから！）。

私のイラストを好きだと言ってくださる方が増えて、コミケで同人誌を売ったりもして、InstagramやTwitterにもアカウントを作って。そんな中とある出版社の方から色んなイラストレーターさんの絵が収録されるファッションイラスト本に参加しないかと声をかけていただき、そこではじめて二次創作じゃないオリジナルの女の子の絵を描くようになりました。

その後女性ファッション雑誌でも絵の仕事をさせていただいて、またご縁が広がって、今この本があります。ありがたや〜〜〜。

スラムダンクが大好き、ファッションが大好き、イラストが大好きです。イラストはすべてiPad Proで描いていて、ソフトはCLIP STUDIO PAINTを使っています。

SNSでは引き続き、この本にあるようなファッションイラスト、趣味絵、二次創作をポストしていきます。自分のコーデを載せたりもしています。よかったら見てください。

Instagram: tinda_fashion
tinda_outfit

Twitter:　TINDA_OUTFIT

Part 2

「これ着て外にでたら、楽しくなりそう」

色・柄別で選ぶ、明日の私

「明日何着よっかな」と考える時間って結構楽しくない？
というより、楽しみながら考えると、明日が来るのがちょっと楽しみになる。
出かける場所、時間、誰と行くかによって、似合う色や柄があると思いませんか。
何を着るか悩んだら、この中から「この感じにしよう」と選んで、
自分のクローゼットから似た服を使ってコーディネートしてみてください。
服に困った時の救世主になりますように。

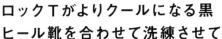

ロックTがよりクールになる黒
ヒール靴を合わせて洗練させて

黒のワントーンコーデなら自分の趣味をアピールしたバンド
Tや推しTもカッコいい。カジュアルすぎると普段着に見
えてしまうので大振りのアクセやヒールで垢抜けさせて。

ロックTシャツを
ロックにしすぎないとコーデ

こういう時はね、多分パンプスか
ブーツのちがらにょくなる……

BLACK
- 黒 -

珍田流の黒は、モードっぽく、美しく。
誰もが着る黒なのに素敵に見えるのは、
小物使いに理由があります。

18

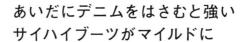

あいだにデニムをはさむと強い
サイハイブーツがマイルドに

トレンド復活のロング〜サイハイブーツ。カッコいいムードが好きな人は黒スキニーをはさんでも OK だけど、どんな場にもなじむのはデニム。デニムの親しみやすさを味方に。

ゆるく黒のニットとタートルネック.
ボトムスでバランスをとりたい……

体のラインがわかるタートルネックには
ワイドパンツで。

アクセで盛ればシンプルなモノトーンにメリハリが

ボリュームのあるニットはスキニーで
スッキリさせる。

黒×白のモノトーンコーデ。白トップス×黒ボトムスはあるあるだけれど、配色が逆になるだけで急に洗練されます。そこに無機質なゴールドアクセを添えればカッコいい女性に。

オールブラックコーデ!!
カッチリめのバッグを持てば
大体引きしまってくれる。
(……多分トートバッグでも
可愛い……)

黒のバッグはフォーマルに見えがち。そのフォーマル感を利用して、カジュアルなコーディネートの引き締め役に。こんなボーイッシュなスタイリングだって、どこか上品に。

黒とカーキ

相性いいよねぇ————……

あとキルティングのコートを
　　かっこよく着たい……!!
マーチンとか合わせたい!

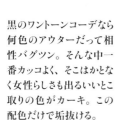

黒のワントーンコーデなら
何色のアウターだって相
性バグツン。そんな中一
番カッコよく、そこはかとな
く女性らしさも出るいいとこ
取りの色がカーキ。この
配色だけで垢抜ける。

黒×カーキそれだけで、カッコいい

カーキといえばミリタリージャケット
ミリタリージャケットといえばカーキ
これはラフに着るのがなんだかんだで
一番かっこいいと思う。
ヘアスタイルもキメすぎず…
でもラフにしたジャリップは主張強めで。

春や秋の肌寒い程度の
気温なら黒コーデをベー
スにミリタリージャケットを
羽織るのもいい。このボー
イッシュさが逆にヘアスタ
イルやメイクの色っぽさを
引き出してくれる。

ミリタリーを可愛くスニーカーでやさしく

黒を華やかに見せるゴールドアクセはいくらあってもいい

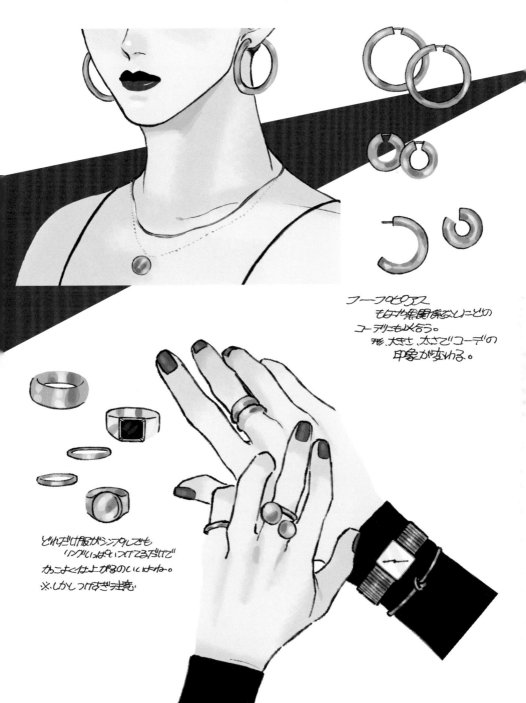

フープピアス
もうな系関係なしにどの
コーデにも似合う。
形、大きさ、太さでコーデの
印象が変わる。

どんだけ服がシンプルでも
リングいっぱいつけてるだけで
かっこよくは上がるのいいよね。
※しかしつけなぎ注意

ベージュ、
ちょっと変わったデザインに
挑戦しやすい色な気がする。

BEIGE
- ベージュ -

カッコよくもほっこりにも転ぶベージュ。
どんな服の系統でも着る色だから
珍田流はキレイめな
ベーシックカラーと合わせてすっきりと。

老若男女が着るコートだから
ありきたりに見えないひと工夫
を。たとえばこんなワイドスリー
ブのトレンチにして、パンプ
スにソックスを合わせたり、
印象的なピアスをつけたり。

チノ素材も老若男女が着るもの。垢抜けさせるためにキレイめなトップス、小物を合わせて。ベルトを足すとトラッド感と知的さが加わります。それに合う時計やバッグもお供に。

ネイビー・ベージュ・ブラウン

カフェ本屋に出かけたくなるね〜…

カジュアルに見えるチノボトムスはキレイめに着るとこなれ感

BLACK

辛口ファッション好きには黒もいい。シルバーリングを合わせればロック感強めに。レディにしたいときはゴールドリングを。

KHAKI

カーキのトーンも様々。春なら少し明るめのミリタリー系の色がお似合いだし、秋ならモスグリーンに近い色がフィット。

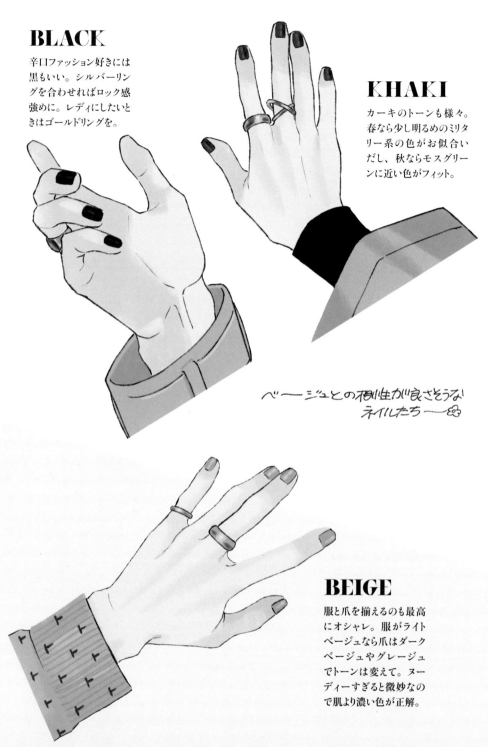

ベージュとの相性が良さそうなネイルたち〜〜🌸

BEIGE

服と爪を揃えるのも最高にオシャレ。服がライトベージュなら爪はダークベージュやグレージュでトーンは変えて。ヌーディーすぎると微妙なので肌より濃い色が正解。

ベージュの服に合わせるネイルもベーシックカラーでクールに

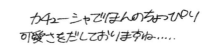

カチューシャでほんのちょっぴり
可愛さをだしておりますね……

迷った時は白・黒・ベージュをバランス良く

オンもオフも活躍するキレイめ
なセンタープレスのパンツ。
白、黒も同じくらいの分量で
足せば、何かが目立ちすぎる
ことなくキレイにまとまる。通勤
ならジャケットに変えて。

ベージュのワイドパンツのおかげで
ライダースとゴツめのネックレスが
マイルドに…見える……

WHITE

-白-

モノトーンで着ると簡単に仕上がる白。
でもそれだけじゃ味気ないから
バッグや靴にトレンド感を。

トレーナーをラフにしすぎないためには
バッグとシューズリに意識しかるとい。

るかとそこまでファッションに見せかけて
実はるかとそこまでじゃない系のファッション。

春秋冬と大活躍する白の
トレーナー。着回しや
すくするにはクリアホワイト
よりオフホワイトを選ぶ
のがポイント。もの自体
がラフだからキレイめな
バッグや靴でメリハリを。

スポーティーに見える白トレーナーは肌見せで垢抜けさせて

ビッグサイズのシャツはモノトーンでまとめてメンズ感を強調

「彼のシャツ借りちゃいました」風。これもタイムレスなファッションのひとつ。1枚でそのままシャツとしても、羽織りとして着てもサマになる。黒と合わせてダボっと感を引き締めて。

Hailey Bieberが
白のビッグシャツを
フ〜ルに着ていたんです
よね〜〜
着た時のシルエットが
美しく見えるか
試されるコーデヅだと
思う。

ネックレスに頼ってみたいコーデ。
トレーナーの庄で消えないようにゴツいものを!!

大きめサイズのトレーナーだからボトムスで
細く見せつつ、ソックスでボリュームを
だして、メリージェーンで引き締める!!
くしゅっとできるくらいの
リブソックスがベスト。

白のトレーナーでもニットでも。ゆるっと着たいものはだらしなく見えないよう小物でピシッとさせて。存在感のあるチェーンネックレス、クラシカルな靴でドレスアップ!

ビッグシルエットトップスは靴で女性らしさを加えても素敵

白トップス×白カチューシャでメイクや小物を引き立たせる

清楚にまとめたい日のオールホワイトコーデ。トップスもカチューシャもネックレスも白！ 全部素材を変えれば野暮ったくならずに上級コーデに早変わり。

肌見せゼロコーデ
寒いから仕方ない。
全部グレーにするとくすみまくって
大変なことになるので
白のマフラーで顔周りを
明るくするよ———☃

GRAY

－グレー－

一見地味だけど、合わせ方次第で
グッとオシャレに化ける力を持つ色。
グレーのトーンや白黒の使い方の割合に注目。

グレーのワントーンコーデ。
ポイントはニットの裾から見せ
た白カットソー。これがあるの
とないのとではオシャレの奥行
きが全然違います。ブーツ、
マフラーも白で揃えて。

グレーのワントーンは色調や素材を変えてメリハリを

メンズ感の強いグレーＴなら甘いフレアスカート合わせだっていい

ブルーのゆるＴと
サーキュラースカート
身長高いちゃんはハイカットのコンバースでも
ゼッタイかっこいいね。

あえてゆったりサイズを選ん
だＴシャツは袖をひと折りし
てこなれ感を。このひと手間が
「ただ着ただけ」に見えない
ポイント。お嬢さんらしいスカー
トもヘルシーにシフト。

古着っぽいロゴのトレーナーはとことんスポーティーに

トレーナーにスパッツ合わせ。
これだけだとランニングに行く人に
なってしまうので、アクセサリーと
バッグでそうじゃないぞという
アピールをしたい。

スパッツが苦手な人はハーフ
パンツやスキニーパンツでも
OK。ダボッと×ピタッとのバラ
ンスが素敵。品よくクールに
仕上げるためにきちんとバッグ
＆大振りアクセが重要。

ブーム タイプのパンツ
一歩まちがえると野暮ったく見えるが
ここもバッグとシューズに助けて
もらいましょう。

長時間座りっぱなしが続く仕事、学校、おうち時間の強い味方がウエストゴムパンツ。リラックス感のある見た目だからエレガントなバッグや清潔感のある白い靴でランクアップ。

立ってる時は見えないけど座った時に
柄ソックスが見えるのがかなり可愛い…!!

通勤グレーパンツは肩掛け服をグレーでリンクさせて垢抜ける

DENIM
-デニム-

シンプルに着るほどデニムの
良さが際立つ。でも引き算しすぎると
"普通"になってしまう。だから、
その日のテーマ作りが大切。

足首を見せない穿き方と見せる穿き方
テーパードタイプのデニムは出来る限り
足首を見せてスタイルよく見せたい。

[左] スポーティーをテーマに
キャップ、スニーカー合わせ。
バッグだけキレイめに。
[右] 海外の休日風。サング
ラスが名脇役。バッグ、靴は
レザー物で高級感を出して。

ワイドパンツの時はソールが
高めの厚底スニーカーを履くと
全体のバランスがうまく
とれるよ！！

白T×デニムのシンプルな合わせは小物に統一感を

同じトップスもデニムのトーン次第で見違える

ビッグシルエットのTシャツで
ボーイッシュに。ライトブルー
のウォッシュデニムなら明るく
爽やか。少しブルーが濃いと
キレイめに見えるのでスニー
カー合わせでも好バランス。

上下デニムコーデ

ピンクとライトブルーの相性、イイ。
組み合わせがもう可愛い。
80'sファッションぽさがあって可愛い…

Gジャン、デニム、どちらもあ
ると便利。ならばセットアップ
で持っていればこんな着こな
しだって叶っちゃう。印象的
な色や凝ったデザインのトッ
プスを中に入れてもなじむ。

上下デニムコーデ
こちらはインディゴ！
暖色系の服とメイクにもってこいな
デニムですよね。

インディゴデニムならグッと落ち着いた雰囲気に。ステンカラーコートなどクラシカルなアイテムとも相性が良く、トラッドスタイルに持っていくとサマになる。ヘルシーな色と相性抜群。

インディゴデニムならセットアップでもより大人っぽく

リップも服に合わせて
オレンジorイエローで☺

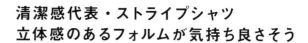

清潔感代表・ストライプシャツ
立体感のあるフォルムが気持ち良さそう

清潔感と知的なイメージを与
えるストライプ。これひとつで
コーデが盛り上がるから他は
シンプルでOK。キレイめな
黒パンツ、黒のシューズとな
ら通勤にもぴったり。

KEY WORD

STRIPE
- ストライプ＆ボーダー -

アイテム自体が上品でカルチャーもある。
デイリーアイテムにしては底力の強い柄。
実は、1番着こなしが簡単。

ビッグシャツストライプver.

一枚として着てもよし、

羽織ってもよし、

レイヤードしてもよし！

ボーダー×トレンチ。これだけでフレンチシックの完成

トレンチコートに
ストライプ、
一生相性いい。
リップはゼッタイに赤。

黒×白のボーダーカットソーは
オールシーズン使える万能選
手。着るだけで簡単にフレン
チシックが仕上がるからコーデ
に困った時の救世主。小物
控えめでも十分仕上がります。

赤のストライプ
×
赤の小物たち
さりげな〜く合わせるのがベスト

赤のボーダーはカジュア
ルに着ると"あのキャラ"っ
ぽくなっちゃうのが難点。
赤・白・黒の3色にまとめ、
クラシカルなお嬢さんらし
さを意識して。

可愛らしい赤ボーダーは黒を味方にすれば大丈夫

ストライプワイシャツで
ちょっと冒険してみたり……

半袖ボーダーはとことんマリンテイストに寄せて

真夏に着るボーダーはマリンルックが簡単。カラーパンツやネイビーのハーフパンツ、ヌーディーサンダルやマリン帽など、カジュアルなものだってボーダーの力で品良くなる！

花柄を可愛く取りいれすぎないと🙂

ひとつのアイテムとして見るとかなり
可愛いパフスリーブの花柄トップス。
こういう時は、サングラス、デニム、
ダッドスニーカーで可愛さを
7割くらい消したい.....

ネイビーベースで着ればお嬢さんっぽく、美しい

KEY WORD

FLOWER

-花柄-

可愛らしくなりがちな花柄は
ダークカラーベースで投入すれば
意志の強そうな佇まいに

可愛らしい小花柄もやっ
ぱり地の色が暗いもので。
これ1枚で十分に華やか
だから、顔まわりのアクセ
は控えめのほうが清潔感
あり。ボトムスはベーシッ
クなもので落ち着かせて。

辛口にシフトできるよう他を黒でまとめてシックに

柄と同じ色のマスク！
可愛い!!

秋や冬に花柄をかっこよく
着こなすの、憧れる子……。

花柄のパンツに負けないよう
顔もパッと明るくしたい!!

ブラックベースの花柄は
それだけで大人っぽく、
色っぽく着られる。特に大
判の花柄ならより華やか
かつ派手。トップスは控
えめに、無地の黒を合わ
せるのがキレイ。

フレンチシックにまとめてパリジェンヌ風に着る

レオパードの強さをマイルドにするカーディガン。スナップボタンのものなら優しげかつフレンチシック感強めに。セクシーになりすぎないようクルーネックTも必需品。

レオパードのミニスカちゃん

穿くのにちょっと勇気いるケド
穿いたらKAWAIIのよ……

OPEN!

LEOPARD

−ヒョウ柄−

色っぽく強く見せてくれるこの柄は
コンパクトに取り入れて
品よく見せるのが大事。

靴で取り入れるレオパードで
さりげなく"デキそう"な人

レオパードの簡単な使い方は靴。シンプルなコーデに柄を差すだけでピシッとキマる。できればフラットシューズやバレエ。ヒールありならブロックヒールがなじませやすい。

 **TWO**

珍田のファッションのこだわり

Part1のTINDA's Fashion Rule5に書いたことが私のこだわりです。
加えて言うなら基本はモノトーンが好き。甘いより辛い。キュートよりクールを好みます。
最近流行ってる骨格診断とかパーソナルカラー診断とかは個人的には取り入れてません。

理屈で「これが似合う」と診断を下されて服を選ぶより、自分の感情で「これが着たい」
と思いたい。その方が服を着る時間が楽しいに決まってるし、人は服を着て過ごす時
間がほとんどなのだから、好きな服を好きなだけ着て生きれば人生のほとんどを幸せに
過ごせるじゃん?と思います。

そのためには「これが好き」って堂々と言えるようにならないといけないんですけどね。

自分の好きを見つけるのが大変だから、そういう診断系に頼るのが楽なんだと思います。
好きな服が何かもわからないという人は、まずは自分自身に「どんな服が好き?」と聞い
てみてはいかがでしょうか!?

Part 3

季節を楽しむ知恵があれば、フツーの日々も悪くない

春夏秋冬コーディネート集

ベーシックな服にも季節感を添えるだけで、急に旬の雰囲気。
旬の雰囲気がある＝新鮮＝オシャレが新しく見えるということ。
私の好きなタイムレスなムードからはずれない
季節感の出し方を描きました。
季節を服でも楽しめたら、苦手な季節が来ても、少しいい気分。

SEASON: **SPRING** － 春 －

モノトーンで作るフレンチシック

カーディガンをトップスに。
チュールスカートが主役にな
るから他はシンプル。ピンク
のバッグを添えると一気に春ら
しい。季節感を出すのもオシャ
レに鮮度が出る技のひとつ。

カーディガンと
チュールスカート

バッグは小さめ。
ベレー帽を被っても
可愛いし、キャップを
被ってハズしてもいい。

LIP

CHEEK

EYE SHADOW

優しいピンクメイク♡♡
ピンクピンクしすぎないとようにラベンダーカラーのラメ
ポンポンのせたいね〜…優しさを求めているのでアイラインは
ブラウンのアイシャドウでお願いしたい。

PINK × LAVENDER × BROWN

SPRING －春－

白いシャツにウエストゴムの
パンツ。

ゴムタイプのパンツを多い
コーデにさせない。

でもラクチンコーデ。
一日中歩けるどという顔です。

メイクネイルは派手すぎると
浮くかも……
ヌーディーなカラーが
程よい……

**寒い冬からあけた春
白シャツ1枚で十分にフレッシュ**

白シャツの清潔感と爽やかさ
は春になるとより一層際立つも
の。ベーシックでありながら主
役にもなれる力の持ち主。胸
元から見せるインナーはパン
ツの色と揃え、まとまりを。

ほっこりしがちなチェックは辛口小物と合わせて

ギンガムチェックなジャケット。
わりと冒険しやすい柄な、
気がする……

黒だし重くなりがちだけど
ギンガムチェックは見た目を
ナゴやかにしてくれるから
ちょっとノリにのってマーチン
とか履いてみる……

ジャケットをプライベートでオシャレに着るポイントはダボっとしたオーバーサイズを選ぶこと。ジャストサイズだとどうしても通勤服っぽく。スニーカーで外すのもいい。

どんなチェックでも、チェックに使われている色だけで全身をまとめるのが洗練されるコツ。スキニーパンツ&ゴツいブーツでギンガムを辛口に。バッグだけは自分らしい色で。

ジャケットはオーバーサイズならお仕事感ゼロ、モードっぽく

春だから
キャミソール1ンジャケット。
ジャケットはジャストサイズより

おしりが隠れるくらいの
大きさがいいな……

スポーツスニーカー合わせ、
推せる。

**パジャマみたいな服は
ロゴアイテムやキレイめ靴で仕上げて**

ニットショートパンツ。
冬は寒い。穿くなら今しかない。

カーディガンとセットアップだと
温かなとから良し……

フワモコなセットアップを外出
着にするなら何かしらの引き締
めアイテムを。ロゴ T、ロゴバッ
グで文字のカチッとしたイメー
ジに頼ったり、フラットパンプ
スで美人に見せたり。

トーンの違う白を合わせて
ワントーンにすればオシャレが簡単

春といえば…… ブラウス
サラリと1枚で着られる絶好のチャンス

タイムレスなデザインの甘いブ
ラウスは、着こなしを油断する
とどこか古い印象になりがち。
白のワントーンコーデで "計
算されてる感" を演出。小物
は黒で揃えてモノトーンに。

クラシカルな黒ブラウスは
パールやゴールドと好相性

着るだけでドレッシーになる黒のブラウス。きちんとした
場ならパールネックレスだけでもいいけれど、普段着なら
ゴールドアクセと合わせるとパールの重さが払拭できる。

SUMMER

SEASON: ー 夏 ー

ゼッタイに遠出したいコ〜デ。

江の島とか行きたくなるし
ホテルでゆっくりくつろぎたい。

遊びにいく場所によっては
ビーサンも、あり〜.!!

リゾートに似合うアイテムをこれ
でもかというほど使っても、ポ
ロシャツの力で派手にならず、
品の良さが漂う。ヒールを合
わせれば旅先のいいレストラ
ンにだって行けちゃう。

オレンジ×水色メイク☺
アイシャドウ.チーク.リップ.オールオレンジ!
ぼわぁ————っとお顔が膨張して見えない
ように水色のアイライン引いちゃいます....

CHEEK

EYE LINER

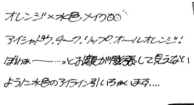

EYE SHADOW

ORANGE ✕ BLUE

SUMMER

SEASON:

－夏－

夏はブラウンの
軽いバッグに
惹かれる。

夏のバッグ！
るんなら春から
つかいたい。

PVCバッグは夏はもちろん
コーデ次第で秋冬につかっても
良さそうだよね。

夏らしい素材を選ぶだけで
シーズンレスなコーデも新しく

アクセサリーを多めに使うだけで
シンプルコーデも上級者に見える

黒のトップスとワイドパンツ

下がツボリュームがあるのなら上はスッキリさせたい。

ハイウエストパンツなら
ベルトを主役にするの
も手。共布ベルトがつ
いている場合もレザー
のベルトにチェンジす
るだけでピシッとする
し、スニーカースタイ
ルでもきちんと見え。

ベルトひとつ加えるだけで
締まった雰囲気に

パンツ、バッグにブラウン系を投入している
から、バングルもブラウンで合わせたコーデ。
トップスをすっきりさせた分、大振りのイヤリ
ング×イヤカフで盛っても派手すぎず◎。

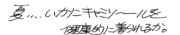

夏....いかにキャミソールを
健康的に着られるか。

ラフに着た方がゼッタイにかっこいい。

ビーサンやスニーカーでもいいし、
ヘアスタイルもラフなままでいい。

メイクはリップが主役で。
目元はシンプルに。

海外っぽいキャミコーデ
デニムやメガネでカジュアルダウン

ビッグTシャツ、
スリットタイプのボトムスに
華奢なサンダル合わせで
ストリートらしさが消えるし、
その分バッグは強めのものを
つかっても良い。

SUMMER
SEASON: －夏－

スカートやヒールを合わせると
セクシーすぎちゃうキャミ。1枚
で十分女性的だから、他は全
部どカジュアルでOK。ネック
レスやバングルも、カジュアル
なデザインの物にして。

左のコーデと逆で、1枚でメ
ンズっぽくなるTシャツだから、
他は全部女性らしい物を。ス
リット入りパンツ、ストラップ
サンダル、チェーンバッグと
華やかな物を総動員。

メンズライクなTシャツを着るなら
それ以外を女っぽく

黒のワンピースを重くしない。
足の指が見れるスニーカーよりサンダルがいい。

黒の服を暑そうにみせ
ないことも夏ファッショ
ンを素敵にする心得。
ヘルシーなスポサン、
PVC バッグで爽快感
をプラス。子供っぽく見
えないよう時計をつけて
品の良さも忘れずに。

**ヌーディーなストラップサンダルなら
リラクシーな装いに**

リラックス感のあるリネンワンピも黒ならスマート。サンダル、
バッグをブラウンレザーでまとめて、ボヘミアンファッション
に。このサンダルの抜け感がオシャレ慣れた印象に。

**スポサンならセクシーなワンピも
ヘルシーにシフトできる**

AUTUMN
−秋−

オーバーサイズのキャメルコート

オーバーサイズを着る時、
　　身体の細い部分を見せたい。
このコーデなら足首!!
　　　でかいと細いの組み合わせ 大切。

コートに合わせて黄味がかったメイクで!!
　　　もっとコーデに統一感を。

重厚感のあるアイテムには
肌見せ部分を作ると垢抜ける

特に背が低いSサイズさんや、
脚が短いと悩む人におすすめ
したいのがこの肌見せテク。
首、足首など細い部分を見せ
るとオーバーサイズを着てもモ
タつかずすっきり見えます。

EYE SHADOW

MASCARA

こっくりカラーメイク🖤
赤みがかったマットなアイシャドウと、それに合わせた
バーガンディのマスカラ。リップもこっくり感強めなブラウンリップ。
アイメイクとリップが濃いからチークはベージュで控えめに。

BURGUNDY × BROWN

AUTUMN
- 秋 -

ビッグサイズニットにも
やっぱり大事な足首見せの抜け感

もこもこザクザクニット
大きめのニットってアウターに合わせづらかったり
するからニット1枚で着られる時に着ておきたい。

「トップスは赤やピンクよりもブラウンがいいな〜」

ニットにボリュームがあるから
パンツはテーパードで細く見
せつつ、足首を出してすっきり
と。シンプルなコーデだから、
アクセやサングラスは自分好
みにして個性をアピール。

赤ニットメイン会

合わせるボトムス、赤の色でコーデの
雰囲気が変わるのも面白い。

裾から覗くカットソーがあるだけで
オシャレ度急上昇

ニット×デニムの定番コーデが
素敵に見えるのは赤の力

ビビッドな赤は着こなし方でトラッドにもロック
にもフレンチシックにも化ける万能選手。デ
ニムと合わせただけでもこれだけサマになる
ので、オシャレが楽に仕上がる頼れる存在。

深みのある赤は上品でクラシカルだからリボ
ンやパンプスが似合う。白ロンTまたはシャ
ツをインして裾からチラ見せ。このひと手間
があるだけで、オシャレ度がグンとアップ。

ダークカラーが増える季節
あえて白小物で爽やかに

オレンジのニットがメインで
ございます....🍊

オレンジとインディゴ(ネイビー)の
相性....いいんだなぁ。

ここは黒をつかわずに
他は白で統一していこう。

カチッとしたアイテムは
スポーティー小物で外して

キャメルのセットアップコ〜デ!!

カッチリ着るよりちょっとダルっと
着るのが可愛い。

服以外は黒、!!
ネイルはダークグリーン!!

ジャケットのセットアップは通勤スーツっぽくならないようシルエットと着崩し方にこだわって。ややオーバーサイズのジャケットにクルーネックのTシャツでメンズっぽく着て。

インディゴが締め役になってくれてるからこれ以上重くならないよう小物は白で。白ってシンプルでありながら実は華やか。特に寒い季節に使う白は目に留まり素敵に見えるもの。

誰もが着るベージュトレンチは
オーバーサイズで洒落感を出して

秋といえば…そうです
トレンチコートです。

王道のベージュもいいしたまにはモスグリーンを
着ても…いい。

ハデめとした赤リップ

目元はホワイトの
アイライナーで。

ダークカラーのトレンチは
明るい色のデニムや小物で華やかに

メンズ感が強いモスグリーンのトレンチだから、明るい
色を取り入れて女性らしく、軽やかに。メイクで遊ぶの
もアリ！ 白のアイラインを引いて、オシャレを盛って。

定番ベージュトレンチは、
くびれのないストンとした
シルエットに、ふくらはぎ
まである長い丈をセレク
トすれば他の人と差がつ
く！ 色っぽい赤ネイル、
赤リップとも好相性。

顎が隠れるほどのビッグタートルは
あざと可愛いのもと♡

ショートヘア
×
黒ニット
×
深みのある赤リップ
＝
可愛い

WINTER

－冬－

SEASON:

ダボっとしたビッグタートル
ニットは体のラインを拾わ
ないのでスタイルカバー
できるのも嬉しい。ルーズ
な見た目だからこそ、赤リッ
プ＆ゴールドアクセの派
手さがお似合い。

LIP

EYE LINER

ダークリップが主役メイク。
"リップを主役にしたいのでアイメイクはうす～く
していきたいところ。マスカラと
白のアイラインで十分な気がします。
アイラインは目尻にチョン、くらいが可愛い。

_URGUNDY × WHITE

冬にあえて持つクリアホワイト
上品さと聡明さの証

ダブルブレストコート×ボー
ダー×白小物で冬のマリン
コーデ。上品かつ知的でど
んな場面にも対応可能。靴下
もタイツやストッキングでなく白
を合わせてとことん爽やかに。

WINTER
SEASON:
— 冬 —

オーバーサイズのレザージャケット
ヘアスタイルやアクセサリーの
おかげでいかつく見えない。

中はタートルネックのワンピース。
多分寒いね。

オールブラックコーデは
異素材MIXで甘可愛く

レザーのジャケットは1枚で存
在感抜群。それ以外はとにか
くベーシックに、シンプルを心
がけて。ヘアアレンジ、ヘア
アクセ、タイツで甘さを加えて
クラシカルな黒コーデに。

アンクル丈のパンツから
ブーツが出てるとモードっぽい

パンツの生地の溜まりがブー
ツの上に乗るのがオシャレ。
明るい色やラフな生地で軽く。

ワークパンツ×ワークブーツで
とことんカッコ良く

細身のパンツには細身のブー
ツでバランスを取って。ブラッ
クデニムで色をつなげて。

冬は黒のブーツ。

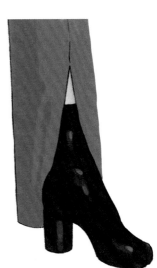

スリットパンツ×ショートブーツ
肌見せの抜け感で軽やか

スリットの隙間からチラッと肌
が見えるだけで垢抜ける。ブ
ロックヒールでカジュアルに。

WINTER －冬－

大きいニット糸田いボトムス、
グリ〜と黒だけにならないように
グリーンのキャップ。

大きいカーディガン、
それ以外は細く。
カーディガンの柄とネイルとバッグの色を同じにするの
可愛い。

**ざっくりニット×ぴったりスキニーの
メリハリ、これだけでオシャレ**

スキニーでなくトレーニン
グ用のレギンスでもOK。
ゆるっとした靴下をボトム
スの上にわざとかぶせて、
ブーツイン風に。靴と靴
下の色をつなげればこん
な上級テクも簡単。

ゆったりニットは着た人の
雰囲気もゆったりやさし
げに。だから黒のタート
ルやゴールドの大振りアク
セでピシッとさせるとい
い塩梅。この上からトレ
ンチを着たりしても素敵。

**カーディガンもビッグサイズなだけで
垢抜ける&立派なアウターに**

ドロップショルダーにするだけで
突然現れるこなれ感

キャメルのロングコート

けざっとコートをダルっと着たりパーカーで
カジュアルに着るの、かなり可愛い。

女性らしく着るなら
細身なパンツをインするだけでも十分

同じロングコートを着回し。オーバーサイズ&ドロップショ
ルダー&袖口のゆったりしたフォルムのものが着こなしや
すい。厚手のパーカーだってごわつかずインできちゃう。

73

THEME:

珍田のメイクのこだわり

Part3では季節ごとのメイクも描いてみました。

Part1のTINDA's Fashion Rule5にも書きましたがネイル含めメイクはファッションの一部。ファッションがサマになっていてもメイクのテイストが服と合っていなければちぐはぐな人になっちゃいますよね〜〜。とはいえ、この服にはこんなメイクをするべき！という明確なルールはないし、P48でも書いたことと同じで好きなメイクをすればいいと思うし、なによりメイクは生まれ持ったお顔でも左右されちゃうので、ファッションより正解を導き出すのが難しかったりしますよね。

「好きなメイクを好きなようにすればいい」というのが私なりの正解ですが、理屈っぽい正解が欲しい人は、季節に合った色を使うのがいいのではないでしょうか〜〜。春ならパステルカラー、夏ならビタミンカラー、秋ならブラウン、冬なら白やバーガンディ。

ちなみに私、外出時はリップを何色か持って出かけます。その時の気分に合わせてリップの色を変えるのも、いいものですよ〜〜。メイク直しも義務感じゃなくて、楽しんでできるので。どっちのリップにしよっかな〜と考える時間って、ちょっと楽しくないですか？

Part 4

ただのお出かけが、思い出のデートになる

私と彼の、さりげなリンクコーデ

大好きな人とのお出かけが、もっと楽しくなる魔法。
全身お揃いにするほどの強メンタルは持ってないけれど
ふたりの間でだけわかってるさりげないお揃いくらいはしたい。
可視化できる絆みたいで、なんかいいじゃん♡
たまには目に見えるものに安心したい時だってあるよね。
恋もたまにはオシャレしよう。

配色をリンクさせる

BLACK × RED

パリシックな装いなら
強い黒×赤も上品

使う色をふたりでまとめる
だけでもカップルムード。
黒と赤をメインに、差し
色は白。Tシャツ×パン
ツのシルエットも同じだけ
ど「たまたまですよ?」な
感じで照れを軽減。

これも使う色をまとめつつ、トップスをシャツ＆ブラウスにしてリンク感を上乗せ。でも白のシャツやブラウスは誰でも着るベーシックなものだし、これもたまたま、ってことに。

Keyword

WHITE × BLACK × BROWN

昼間のデートに欲しい爽やかさは
白を多めに盛り上げて

BLACK × DENIM

シンプルなワンツーコーデは
黒が重心になれば大人なムード

大人で、カッコよくて、ど
こか色っぽいふたりをドラ
マチックに見せる黒。デ
ニムを合わせただけなの
にサマになるのはお揃い
効果。隣に恋人がいれば、
アクセも最小限でいい。

彼がシャツなら、彼女は
シャツワンピ。近しいアイ
テムでのリンクもまた仲の
良さそうなムードを底上
げ。小物はネイビーの知
的さと相思相愛なブラウン
で、トラッドテイストに。

Keyword
NAVY × BROWN

端正なネイビーが主役なら
知的でやさしげなふたり

idea_____2.

似たアイテムを着る

誰もが着るデニムなら、例え彼がお揃い好きじゃなかったとしても「私も今日デニム着たかったんだもん♡」の言い訳でOK。彼女はフレアパンツでシルエットを女性らしく。

Keyword

DENIM

色のトーンまで揃えれば
歩くたび足元を見るのが楽しい日

Keyword

DENIM SETUP

同じアイテムの組み合わせで
制服デート的なウキウキ

ユニセックスなデザインか
つカジュアルな服なら似た
アイテムでも嫌味がなく爽
やか。彼と色違いのセット
アップはジャケットを脱げ
ばもう別コーデ。外を歩く
時だけの楽しみ♡

CAP

ヘルシーな小物で
デートを盛り上げれば
ふたりの間も
ヘルシーでいられそう

服を揃えるよりも目立つの
が小物の統一。人の目に
つきやすい頭なら尚更。ま
るっきり同じにするなら、ス
ポーツ観戦やBBQなど
「同じ目的があったから」
な場面がやりやすそう。

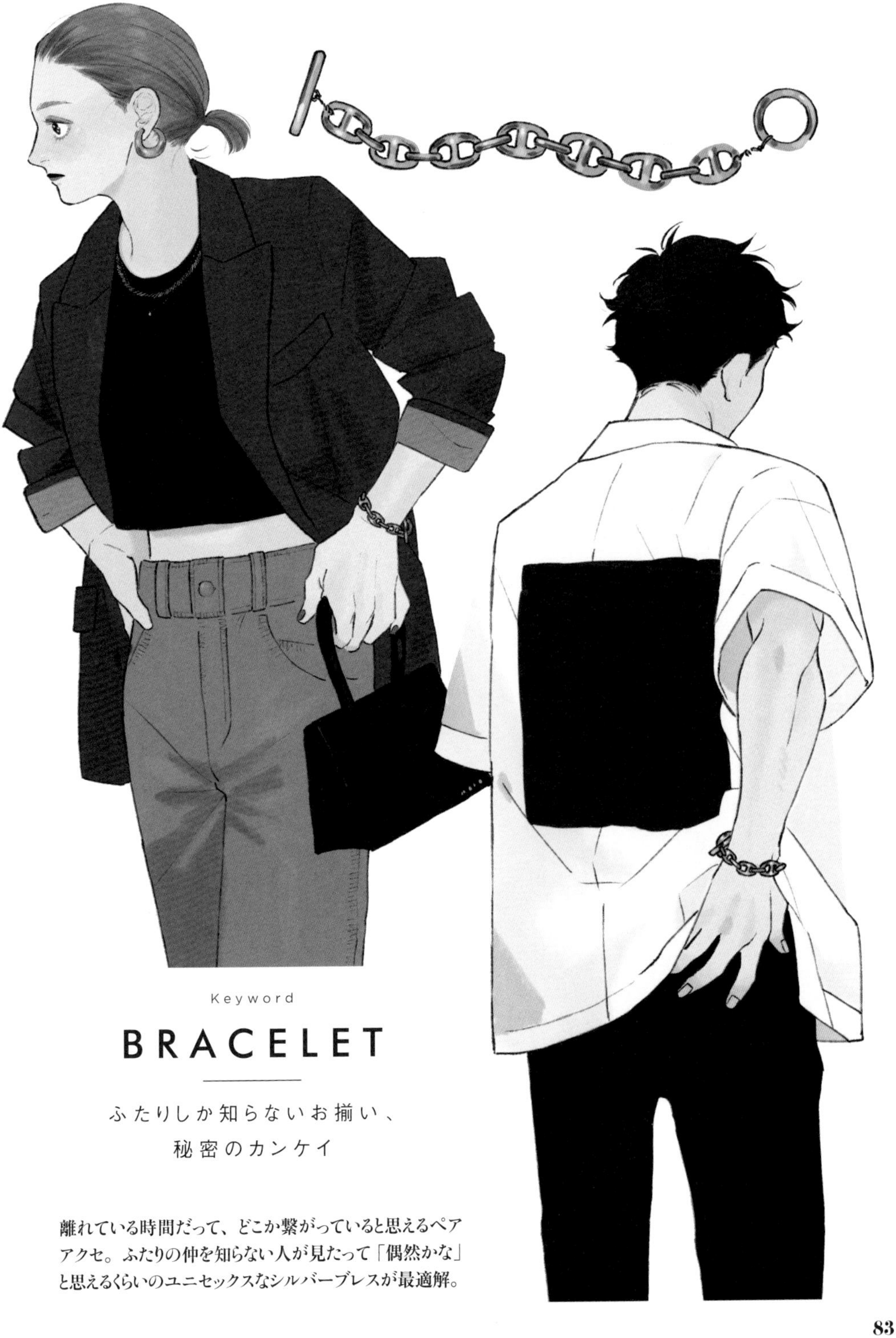

Keyword

BRACELET

ふたりしか知らないお揃い、
秘密のカンケイ

離れている時間だって、どこか繋がっていると思えるペアアクセ。ふたりの仲を知らない人が見たって「偶然かな」と思えるくらいのユニセックスなシルバーブレスが最適解。

靴だけ、お揃い

レディースとメンズそれぞれデザインは違うけれど、同じシリーズだと分かる合わせ方はオシャレ度高い！「ファッションの趣味も似てるんです」をアピールできるコーデ遊び。

Keyword

BLACK × LEATHER × SHOES

同じブランドの、
同じシリーズの靴を、それぞれに

SNEAKER

スニーカーなら、
完全一致でもさりげなくて可愛らしい

服のテイストが違っても、靴が同じなだけで見た目の華やかさも写真映えも狙える。ロングヒットスニーカーなら誰もが見慣れているから完全一致なお揃いでも悪目立ちしない！

THEME:

珍田の靴、バッグのこだわり

母と祖父から「安物買いの銭失いにはなるな」と言われて育ちました。

その言葉を特に意識するようになったのは20代になってから。全身を素敵なブランドで揃える

のはさすがに無理なので、靴とバッグだけは長く使えそうな質の良いものを選ぶようにしました。

数より質。だから手持ちのアイテム数はわりと少ないです。靴もバッグも常に4つずつくらいで

着回します。

どんなコーデにもフィットしてくれるものを選ぶし、つい黒を買い揃えがちなので「買わなきゃ

よかったな」と思ったことはないです。買う前に「本当にこれを買っていいかどうか」とめちゃ

くちゃ考えるというのもありますけどね。

初期投資は高いけれど結果的に重宝するし、大切にします。

「これいいな」と思えるアイテムばかり手もとにあるから、

コーディネートが気分にハマらない日も「まぁこれがあるから

いいか」と思えたり。

ずっとキレイに使いたいと思うから、靴もバッグも使い終え

たらその都度拭いて箱や袋に戻しています。だから、いつ

までも特別なアイテム。

こうやって靴やバッグを愛でるというのも、ファッションの楽しみのひ

とつだと思っています。

Part 5

もしも同じワードローブを違う女の子が持っていたら？

10着で、それぞれの、着回し15days×2

珍田ワードローブに欠かせないベーシックな服10着を選んで
着回し30体を考えました。
小物次第でカッコ良くも可愛らしくもなるのがベーシックのいいところ。
だから、カッコいい派レナと可愛い派ハナを登場させて
ストーリー仕立てでご紹介します。
服装の雰囲気で、自分の恋愛模様も変わります。多分。

A. 白Tシャツ
レイヤード使いすることを考えるとクルーネックが万能。

B. 黒のキャミソール
とろみ素材かつ、肩紐が細いものでドレッシーに見せて。

C. ボーダーカットソー
白×黒ならほっこりせずカッコよくも可愛らしくも使える。

D. グレーニット
白黒のワードローブが多い中なじませ色としてグレーが万能。

E. 黒タートルカットソー
1枚で着ても、レイヤード要員としても機能。黒が優秀。

F. 白ブラウス
オールシーズンOK。デザインのあるシルエットで洒落感アップ。

G. 黒スキニーパンツ
365日頼れる。足首が見える丈にお直ししてバランス良く。

H. 白ストレートパンツ
白はスキニーよりストレートでカジュアルに着る方がタイムレス。

I. ロングスカート
自分の好きな色で取り入れてOK。今回はキャメルでキレイめに。

J. テーパードデニム
これもタイムレスなシルエットで。黒の服が沈まない明るいブルーで。

DAY 1 ^春 ある日曜日

HANA

Profile： レナ (玲那)
服装： カッコいい派。辛口、モードな着こなしを好む。
性格： サバサバしていて男っぽい。
　　　 ひとりが好きで孤独は友達。頼られる存在。不器用。

HANA:

A + J

[DAY1] 白T×デニムの鉄板セットだってカーディガンを羽織るだけで女性らしさ満点。赤いパンプスで色っぽさも加えて。だって、いつどこに出会いがあるか分からないから♡

「天気もいいし、カフェ行って本の続きを読もう」

「アユミとルリ誘ってランチしよっ♪」

RENA:

F + G

[DAY1] ふんわりブラウスにはスキニーのタイトさが好バランス。小物の色で春らしく。読書する時間の雰囲気を盛り上げるメガネも名脇役。静かなカフェとコーヒーと本、最高に幸せ。

Profile： ハナ (華)
服装： lady タイプ。女性らしさのあるシンプルコーデを好む。
性格： いつでも元気で笑顔。
　　　 ひとりが好きだが甘え上手。周りを巻き込む器用タイプ。

RENA

「運命があるかも
しれないし！
女っぽさフル装備でしょ」

「気合い入れてきたと
思われてもな……
パンツとスニーカーで」

RENA:
A＋H
[DAY2] 出会いの場で着飾ると
かどうも苦手。とはいえカジュ
アルすぎるのも悪いし、せめて
色合いで爽やかに。白Ｔ×白
パンツのワントーンコーデに、
ベージュトレンチで明るく、と。

HANA:
B＋I
[DAY2] 黒キャミにロングスカー
ト。狙いすぎに見えないよう
ジャケットを肩掛け。パンプス
にはソックスを合わせて親近感
もプラス。「わ、タイプの人！」
とにかく笑顔＆相手を褒める！

RENA:
E＋H
[DAY3] この間紹介されて結構
タイプだったシュン。まさか向こ
うから誘いが来るなんて。好き
な服しか持ってない私は何を着
たらいいの。今日のモノトーン
セットは……男前すぎるかな。

「これって
デート……？
デートって、
何着るんだっけ」

「わ～～
美容院行かなきゃ
ネイル行かなきゃ
小顔矯正も！」

HANA:
B＋H
[DAY3] この間紹介されて結構
タイプだった太郎くん。まさか
向こうから誘いが来るなんて。
今日の白めのモノトーンコー
デに色の効いた小物も可愛い
かも？ 何着よう！ るんるん♡

DAY **4** 春 それぞれの、初デート

「服も美容もバッチリ準備した！ 前回とは雰囲気を変えて」

RENA:
C＋J

[DAY4] かえってそれが良かったのか「飾らない感じがいいよね」と言われた。褒められてる？パンツと合わせたGジャンでデニムセットアップ。バレエシューズでほんのり可愛げを。

「聞いて〜
気になる人できちゃった！
やばい超楽しい♡」

RENA:
B＋J

[DAY5] ちょっとしたことで一喜一憂する自分に疲れる、でもこういう気持ちって新鮮で楽しさもあるな。夏と恋のはじまり、キャミ1枚。デニムを合わせ、髪も結べばヘルシーになる。

HANA:
B＋H

[DAY5] ちょっとしたことで一喜一憂できるのって恋の醍醐味だよね〜こういう時期って一瞬だし楽しまなくっちゃ！キャミの上から透けブラウス。着た方が素肌よりセクシー♡

HANA:
F＋J

[DAY4] 初めて会った日は女っぽいコーデにしたから今日はパンツスタイルで意外性を♪ でも普通のコーデじゃ私っぽくないから透けワンピを重ねてやっぱり女っぽさを加えて。

「あれこれ考えすぎて面倒になっちゃって。
結局、いつも通り」

「恋って本当に苦手。
私が私じゃなくなる。
でも、悪くない」

DAY **5** 夏 恋、はじめました

「連絡こない
こないこない
こないこない。
自分からする？ 何て？」

「もっと飲みたいー
いい店あるから次そこね〜！」

RENA:
B + I

[DAY7] 二度目のデート。私なりに張り切ったスカートスタイル。ロングシャツを羽織ってクールさも残して。酔ったふりして「もう一軒行こ！」と陽気に連れ歩くのが精一杯だった。

RENA:
A + I

[DAY6] シュンから連絡こないな。何してるんだろ。何してるの？って聞くのもなぁ。困った。えーん。スカートが主役の日、キャップとビーサンでヘルシーにシフトするのが私流。

HANA:
A + J

[DAY6] 太郎ちゃんから連絡途絶えた。感想送って、違う映画教えてもらって、また感想送ればずっと続く！ 白T×デニムは羽織りと靴を変えればスポーティーになって休日っぽい。

「この間
教えてもらった
映画観て、
感想送っちゃおっと」

「二軒目は太郎ちゃんが
行きたいところ行こ〜♡」

HANA:
A + G

[DAY7] 二度目のデートは親近感を重視。白T×デニムを小物でキレイにアップデート。……デートだけに。直球で一緒にいたいと言うよりも、相手に任せて頼ったほうが正解でしょ！

RENA:

C + G

[DAY8] シュンのSNSにタグづけされたべったり2ショット。彼女!? うーん本人に聞くのも嫌だし困った。ボーダー×黒スキニーにミリジャケ、パンプスを合わせカッコいい女風に。

「ネットストした私が悪い……でも見ちゃうの！」

RENA:

A + J

[DAY9] 「レナさぁ傷つくの怖がってたら恋愛って進まないから。自分から行かないと」と怒られる。友達とお茶の時間。白T×デニムにジャケットを合わせ、真面目に悩んでますよ感。

「恋愛ってどうやって進めるんだっけ」の相談に

RENA:

E + J

[DAY10] 向き合って告白するなんて無理。なじみのバーへ行って雰囲気の力を借りよう。ひとり作戦会議の日は飾らないスタイル。シャツ×黒タートルのレイヤードでオシャレに奥行きを。

「好きです、って言うの？ 嘘でしょ無理」

DAY 8 ⁽秋⁾

恋の木枯し。ライバル登場

「ライバルがいたのか。余計、燃える！」

DAY 9 ⁽秋⁾

それぞれの友達

「何て告白すればいいと思う〜？」を友達に相談

DAY 10 ⁽秋⁾

告白の準備

「太郎ちゃんの彼女になりたいな♡でOKかな」

HANA:

B + I

[DAY8] 太郎ちゃんのSNSのコメント欄で頻繁に絡んでる女がいる。ふーん。これはますます私が押していかないと。ロングスカートにざっくりニットカーデを合わせ、ゆる可愛いムード。

HANA:

E + I

[DAY9] いつものスカートにストールとベレー帽でパリっぽく、お茶の時間が楽しくなりそうなエレガントスタイルで。「ハナ、ひとりで恋に盛り上がりすぎ。うるさい」と怒られた。

HANA:

C + H

[DAY10] やっぱりムードの力は大事。夜景のキレイな公園を散歩して告白しよ！ ひとり作戦会議の日はボーダーに白パンツを合わせ爽やかマリン風に。スニーカーで気持ちもリラックス。

RENA:
E＋J

[DAY11] シュンの彼女になれた。オシャレも女らしさも頑張らなくちゃと気合いが入る。いつものデニムをベレー帽、トレンチポンチョ、ローファーでトラッドに着る。イイ女を意識して。

HANA:
A＋J

[DAY11] 晴れて太郎ちゃんの彼女に♡ 昨夜も4時間通話して寝不足。一気に力が抜けて今日はラフなコーデ。白T×デニムにシャツを羽織って。白ブーツと髪型で甘さをひとさじ。

「がんばったから疲れちゃった。ゆっくり過ごそ」

「これから素敵な関係、作っていかなくちゃね」

DAY 12 （冬） 安心のその先

「シュン、今度の週末、ドライブしよ。車出すから」

「親みたいに説教するの
やめてくれない?」
と言われ

RENA:
D + J

[DAY13] シュンの生活に老婆心であれこれ言ったらこんなセリフ。そうだ、私は心を許すとつい説教臭くなってしまう。反省。ニット×デニムの楽ちんワンツーコーデで気持ちも楽に。

HANA:
C + H

[DAY13] 私は友達との約束も自分の時間も大事。全部を平等に生きるのも大変なのにな。でも確かに任せきりにしすぎた。謝りに太郎ちゃんの家へ。たまにはボーイッシュなスタイルで。

RENA:
E + G

[DAY12] 恋人になってしまえば、私から誘って、私がデートプランを立てて、一緒にいたい時はうちに来てと言える。今日も張り切って計画立て。ハンサムなコーデで勢いよくね。

「次の日曜は
友達と約束あるからさ、
来週でもいい?」

HANA:
D + J

[DAY12] 恋人になってしまえば、あとは連絡もデートの約束も太郎ちゃんが全部やってくれる♪ 服装も自由に、楽ちん重視で。グレーニットが地味にならないよう赤小物で華やかに。

「俺にばっかり頼って振り回してさ。疲れる」と言われ

DAY 13 （冬） 喧嘩の理由

「たまにはシュンの好きなご飯作って待っててあげよ」

DAY 14 ^冬 仲直りの方法

RENA:

D + G

[DAY14] 疲れさせてしまった心を癒やすオムライスと、スープと、肉料理もね。ちゃんとオシャレもして待ってなきゃ。家でもおかしくないニット×パンツにアクセを多めに盛って素敵に。

HANA:

E + F + I

[DAY14] 最近おざなりにしてたふたり
でゆっくりする時間を作ろうと、太郎
ちゃん主役のプランを立ててデート。
白ブラウスからタートルをのぞかせ女
性らしさの中にも凛としたイメージを。

「可愛く着飾って、太郎ちゃんの好きそうな映画に誘って」

HANA:

A + H

[DAY15] 天気のいい日曜日。白×ブラウンのツートンコーデで冬でも明るく、愛され配色。いつものランチだって、服装次第で素敵なワンシーンになるんだから。オシャレって最高♡

「太郎ちゃん誘ってランチしよっ♪」

「シュンとカフェ行って、本の続きを読もう」

RENA:

D + G

[DAY15] 天気のいい日曜日。グレー×黒のツートンコーデでハンサムに、シュンの隣でも浮かない彼女。ひとりで楽しんでた読書の時間、誰かがいると違った楽しみがある。恋って最高♡

DAY **15** 冬　毎日、なんだかんだ、ちょっといい日

Part 6

Instagram 連動企画①

珍田漫画劇場

もっと自由にファッションを楽しんで欲しい。
〇〇診断とか、モテとか、愛されとか、
そういう視点で服を選ぶのも楽しいけれど
ハナのように「可愛い♡」と直感で思ったものを、
もっと素直に受け入れても、いいんじゃない？

「らしくいきましょ」

赤リップ!!

さっちゃんが赤って
珍しいね〜〜〜

持ってるリップ
ピンクが多いから

たしかに……

でもねぇ……

赤、可愛いんだけど
彼氏ウケ良くないから

ゼッタイに似合うよ

どうなんだ………

変じゃないよ。

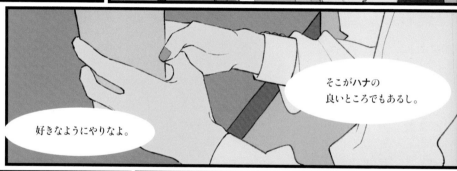

そこがハナの
良いところでもあるし。

好きなようにやりなよ。

ポリ

まあ……あまりオジャン
じゃなくて俺たちにとっても
あいそうだろうケド……………

ポリ

太郎ちゃん……
ほんと良い人だねね……

太郎ちゃんのこと好きになって
良かった。ありがとね。

どうも……

104

Part 7

Instagram 連動企画②

ファッションあるあるQ&A

珍田のInstagramで事前に募集した
ファッションにまつわるQ&Aに
イラストつきで回答します！

Q. 低身長でオシャレがサマになりません。
何かコツはありますか?

A. 私も身長154cmなので何かと苦労しています。
特に気をつけているポイントは4つ。

1.
トップスは
大きすぎないものにする

腕を長く見せると低身長をごまかせるので、ゆったりした袖ありのトップスだったとしても肘がしっかり見えるものに。身頃もダボッとしすぎないほうがスラッと見えます。

Fit T-Shirt

2.
アンクル丈のパンツにする

足首が出ているだけで脚が長く見えるから! どうしてもフルレングスパンツをはくならパンプス系の靴にして足の甲を見せて。ここの肌見せがあるだけでグッと垢抜けます。

Ankle PANTS

3.
ハイウエストの
ストレートパンツを選ぶ

ウエスト位置を上に持っていき脚長に見せて。パンツのシルエットは絶対にストレート。膝や足首に布の溜まりができると急に脚が短く見えるので生地にハリがあり、ストンと落ちるものが良いです。試着マスト。パンツの丈も絶対に自分の身長に合わせてお直し。

High Waist & STRAIGHT PANTS

Low-cut SNEAKER

4.
スニーカーはローカットで

ローカットを選ぶ理由は2.と同じ。ハイカットを選んでしまうと足首が見えなくてパンツスタイルが野暮ったくなってしまいます。とにかく全身"すっきり"見せるのが大事。

1.
シンプルなコーデのアクセント
に。バックルがゴールドだと一気
に華やかになるのでおすすめ。

Q. ベルトの素敵な使い方が
知りたいです！

A. 私の使い方は2パターン。

2.
コーデのカラーバランスの調整役
として。こういうベージュ系のぼん
やりしたコーディネートに投入する
と引き締まります。あと黒小物は
ひとつだけ使うよりふたつあるほう
がバランスがとれるので、黒い靴を
履きたい日はベルトもつけたり。

BLACK&WHITE

Small
BAG

BOOTS

Q. 雨の日のオシャレってどうしてますか？

A. ベージュ、グレーなど、濡れたことがすぐ分かる色は避け、
黒と白を中心に。バッグも傘の中に収まるよう小さいサイズに。
一番濡れる靴はスニーカーでなくブーツに。
合皮のものや、本革でも雨に強いものがあるので
そういうのを一足持っておくと雨の日も楽しくなります！

Q. はじめて憧れのハイブランド品を買います。失敗しないコツは何ですか?

A. ブランドの定番名品を買う。

そのシーズンだけのアイテムや限定品だとデザインに流行りがあるので、2〜3年後には「これ持ってるの恥ずかしい」となる可能性が。昔からある定番商品ならずっと持てるので安心。いきなりバッグをドカンと買うのもカッコいいけど、まずはそのブランドが自分のテンションにハマるかどうかを知るためにも、小物から試してみてはいかがでしょうか!

Q. 色アイテムを上手に使いこなせません。どう使えばいいですか?

A. いきなり服で使わない。小物から!

帽子、ソックス、バッグなど、小さなもので取り入れるのが一番簡単だし、冒険しやすいです。まずはコーディネートにひとつだけ。ふたつ以上使うとコーディネートになじませるのが難しくなるのでそれは上級者になってから。いろんな色を試して自分にフィットする色が分かったら、服で挑戦してみてもいいかも!

THEME:
この本の登場人物・ハナについて

Part1,3,5,6に登場した女の子で描いた女の子で同じ登場人物がいます。
この子が誕生したのはPart3の春メイクを描いていた時。めちゃくちゃ可愛く描けちゃったので、あちこちに登場することになった上、Part6の漫画では主人公を務めるほどのスター性を持った人格に成長しました。せっかくなので彼女を紹介します。

ハナ（華）/26歳/162cm
服の系統は特に決まってない。可愛い♡と思ったものを着るタイプ。買い物は慎重ではない。
衝動買い多め。（Part5の着回しに登場させたレナの方が慎重やろなぁ……）
リボンのバレッタやヘアゴムやスカーフで髪の毛をアレンジするのがとても好き。

性格はドライ。恋愛体質だけど彼氏がいなかったらいなかったで楽しく生きてる。自分が満足できたらそれでいいっしょ！ タイプだけど一応彼氏に「それって変…?」って聞いたりしちゃう（Part6参照）。可愛い。男ウケのために服選びをしたことがないのでたまに友達の発言に「?」にはなる。でも自然と男ウケの服装もできているという小悪魔。

たまにわがままな言動を見せるが可愛いから許されるし憎めない。
人の相談やのろけや愚痴を聞いてるようで聞いてない時がある。

以上！
人物イラストは描くと勝手に性格まで決まるし、どんな人生を送っているかまで見えてくるので、自分で自分のイラストも楽しめちゃったりします。まぁ、自分の人生にハナが登場したとしても仲良くはなれないですけどね〜〜〜。

Epilogue

「この本のタイトル『明日がちょっと、楽しい服』。
『明日が楽しくなる服』でも『明日がもっと楽しい服』でもダメでした。

"ちょっと" という言葉を選んだのは
楽しく生きてなきゃダメ、という価値観を押しつけたくなかったし
私自身がポジティブすぎる言葉に疲れてしまうからです。

誰もがきっと、悩みや心の傷やコンプレックスを抱えて生きていて
時には起きるのも嫌なほど辛い日だってある。
そんな時、どうせ着なきゃならない服を気分の良いものに変えて
オシャレが上手にできたなら
『今日の私、なんかいいじゃん』と思い直せるはず。
そしたら明日のオシャレもまた少し頑張れて
今度は明日が来るのがいつもより楽しみになって。

今日元気が出なかったとしても
ファッションの力で明日がちょっと、輝くかも。

この本が、誰かの助けになるよう、心から願っています」

珍田

TINDA'S TIMELESS OUTFIT

明日がちょっと、楽しい服

2021年5月31日初版発行

著	珍田
編集	野田 春香
装丁・デザイン	竹内 良太
校正	バイステップ

発行者	青柳 昌行
編集	佐藤 裕紀子 (文化・スポーツ出版部)
営業企画局	岡部 修美
生産管理局	森村 利佐

発行	株式会社 KADOKAWA
	〒102-8177
	東京都千代田区富士見 2-13-3
電話	0570-002-301 (ナビダイヤル)
印刷・製本	大日本印刷株式会社

・お問い合わせ
https://www.kadokawa.co.jp/
(「お問い合わせ」へお進みください)
※内容によっては、お答えできない場合があります。
※サポートは日本国内のみとさせていただきます。
※Japanese text only

ISBN：978-4-04-736669-5
C0077

Printed in Japan

※本書の情報は2021年5月現在のものです。